Fode Maréna

Le Maréna

AF137311

Fode Maréna

Le Maréna

Éditions universitaires européennes

Imprint

Any brand names and product names mentioned in this book are subject to trademark, brand or patent protection and are trademarks or registered trademarks of their respective holders. The use of brand names, product names, common names, trade names, product descriptions etc. even without a particular marking in this work is in no way to be construed to mean that such names may be regarded as unrestricted in respect of trademark and brand protection legislation and could thus be used by anyone.

Cover image: www.ingimage.com

Publisher:
Éditions universitaires européennes
is a trademark of
International Book Market Service Ltd., member of OmniScriptum Publishing Group
17 Meldrum Street, Beau Bassin 71504, Mauritius

Printed at: see last page
ISBN: 978-613-8-45201-0

Copyright © Fode Maréna
Copyright © 2019 International Book Market Service Ltd., member of OmniScriptum Publishing Group

Fodé MARENA

Scientifique et écrivain Sénégalais née le

15/06/1992 à Tambacounda

Un document produit en version numérique par
Fodé MARENA,

Bénévole, étudiant à l'université Cheikh Anta
Diop de Dakar dans le département de
mathématique informatique Courriel:

dembiskaozzz78@gmail.com

Le plus grand besoin de l'entrepreneur, à tous les stades de la vie d'une entreprise, est sans doute le besoin de financement.

A une époque où les crédits bancaires sont plus difficiles que jamais à obtenir, du fait de la frilosité des banques face à un environnement économique perturbé, il est tout naturel que les chefs d'entreprise se tournent de plus en plus souvent vers des sources alternatives de financement, et notamment vers le capital-risque.

En s'adressant à des capital-risqueurs, ils recherchent, non plus des créanciers, comme auraient pu l'être l'établissement financiers traditionnellement prêteurs, mais à des associés, qui, une fois qu'ils auront été convaincus du bien-fondé de l'affaire, de sa rentabilité et des capacités de l'équipe de management, s'engageront aux côtés de l'entrepreneur, en tant que parties prenantes.

Pour les convaincre, un business plan (un plan d'affaires) préparé dans les normes requises; est une étape indispensable.

L'objectif de cet article est de vous communiquer tout ce que vous devez savoir pour rédiger le dossier capable d'attirer des investisseurs.

Beaucoup d'entrepreneurs trouvent la procédure à suivre plus longue et plus difficile qu'ils l'avaient imaginée, mais ceux qui tiennent bon et l'appliquent, en y consacrant tous les efforts nécessaires à un travail bien fait, sont généralement capables de trouver le capital dont ils avaient besoin pour apporter le succès à leur affaire.

Avant de s'engager avec un entrepreneur dans une aventure qui durera au moins 5 ans, la plupart des investisseurs en capital-risque veulent vérifier que le plan qui leur est soumis a été soigneusement réfléchi, et que l'équipe chargée de le manager a bien les compétences requises pour le mener à bien, profiter des opportunités qui pourraient se présenter, résoudre les inévitables problèmes, et faire des profits.

Bien des capital-risqueurs n'accepteront de rencontrer l'entrepreneur qu'après avoir pris connaissance de son business plan. Il importe donc que le plan soit bien préparé, persuasif, et communique favorablement le potentiel de l'entreprise.
S'il doit présenter tous les aspects de l'affaire, il ne doit pas être détaillé au point que les investisseurs prospectifs n'arrivent pas au bout de sa lecture. Dans cette optique, 50 pages représentent un maximum.

Le plan d'affaires n'est pas seulement un dossier à l'intention d'éventuels investisseurs il est aussi de première importance pour l'entrepreneur lui-même.
Sa préparation est en effet l'occasion pour lui de bien réfléchir à tous les aspects de son entreprise, d'envisager les conséquences de différents axes de marketing, d'évaluer plusieurs stratégies

Financières et opérationnelles, de se fixer des objectifs et de déterminer les ressources humaines, physiques et financières nécessaires pour les atteindre.

Et tout cela peut être fait sur papier, en évitant les déboires de la procédure habituellement pratiquée d'essais et d'erreurs.

Par exemple, c'est en rédigeant son business plan qu'un entrepreneur réalisa que le marché principal de son produit biomédical n'était Pas dans les services d'urgence des centres hospitaliers, comme il l'avait toujours cru, mais dans les cliniques; il put ainsi modifier en conséquence sa politique marketing.
Un autre reconnaît que ce plan lui a permis, non seulement d'obtenir environ 450 000 ¤ de capital de démarrage, mais aussi de suivre l'évolution de son affaire pendant ses premiers 1 8 mois.

Ensuite, quand il a eu besoin d'augmenter ses lignes de crédit et de s'équiper, il a été capable de remodeler son plan en 2 ou 3 jours seulement contre 2 à 3 semaines s'il n'en avait pas eu.

INDISPENSABLE !

Préparez toujours un résumé en 2 à 3 pages. Les investisseurs qui acceptent d'entrer d'emblée dans un dossier de 30 à 50 pages sont vraiment rares. C'est généralement après avoir pris connaissance de ce résumé qu'ils décideront s'ils vont plus loin.

Quelques ficelles"

Le résumé ne doit être rédigé qu'une fois terminé le plan lui-même.
Rythmez votre résumé de phrases extraites du BP et qui illustrent bien vos propos. Apportez un grand soin à votre résumé. Rappelez-vous que c'est le premier document que le capital-risqueur aura à votre sujet, et à moins que vous n'ayez su l'intéresser suffisamment, il peut bien être aussi le dernier!
JI doit contenir de très brefs aperçus sur :
> L'histoire, les activités, le management et les réalisations éventuelles

Les caractéristiques du produit ou du service,
L'attrait du marché
Les projections financières
.   Le montant d'argent recherché, sous quelle forme et pour quel objet. .Faites lire ce résumé par plusieurs personnes non impliquées qui donneront un avis objectif. Ont-ils tout de suite compris de quoi il s'agissait ? Etait-ce intéressant ? Structuré, clair ? Auraient-ils financé ?
Et faites les corrections qui vous paraissent nécessaires.

-DESCRIPTION DE L'AFFAIRE ET DE SON SECTEUR

Ici, le produit ou le service doivent être évoqués brièvement, de même que le domaine et la situation actuelle de l'industrie concernée.
Vous devez surtout montrer où et comment votre produit / service peut s'y intégrer.

- La Compagnie

-historique détaillé de la Compagnie : quand elle a été créée, comment les produits et services ont été choisis et développés, quel rôle le management a joué pour amener l'affaire à son niveau actuel.
Pour une entreprise déjà en opération, faire état de sa pénétration de marché et de ses réalisations: chiffre d'affaires, résultats, retour sur investissement.

Si l'entreprise a connu des revers de fortune, expérimenté des résultats déficitaires par exemple, n'omettez surtout pas de les évoquer, ainsi que des moyens mis en place pour éviter qu'ils ne se répètent.

Il est faux de croire qu'il vaut mieux passer sous silence les problèmes rencontrés ; cela peut même avoir un effet négatif et rendre votre projet d'affaire trop beau pour être vrai.

-L'industrie

Parlez ici de votre vision de l'industrie dans laquelle vous allez (ou vous êtes déjà en train) d'évoluer: situation actuelle, principaux acteurs du marché et leurs performances, les nouveaux venus et ceux qui en sont partis, et pourquoi, les tendances, croissance du marché et des ventes, le taux de profits, et toutes prévisions publiées pour l'année à venir.

Egalement, tout ce qui peut affecter dans un sens ou dans l'autre cette industrie: nouvelle réglementation, groupes de pression, évènements sociaux, technologiques, politiques, économiques, etc...
N'entre pas dans trop de détails. Chaque point peut être traité en Z ou 3 phrases.

―――――

-CARACTÉRISTIQUES ET AVANTAGES DU PRODUIT OU SERVICE

L'investisseur veut savoir ce que l'entrepreneur a l'intention de faire: ce qu'il va vendre, quel type de savoir-faire particulier il propose, et quels en sont les avantages et inconvénients.

- information détaillée sur le produit /service

Et les besoins qu'il va satisfaire Si possible, utiliser des schémas et illustrations pour une meilleure compréhension et renforcer l'intérêt. Mettre en évidence les traits distinctifs par rapport aux produits/services concurrents. Ne pas omettre d'évoquer les points faibles.

-propriété intellectuelle

Tout brevet, secret commercial ou tout autre aspect dont vous êtes l'inventeur, le propriétaire ou le seul détenteur doit être indiqué ainsi que ses possibles répercussions pour occuper une position favorable dans l'industrie.

-potentiel:

Toutes les opportunités permettant une extension logique d'une ligne de produits existants ou des développements ultérieurs doivent être abordées. Les investisseurs aiment à savoir que les entrepreneurs aient des plans pour les années à venir

———

- ÉTUDE DU MARCHÉ

Présentez ici suffisamment de faits pour convaincre l'investisseur que vous pourrez réaliser sans difficulté, malgré la concurrence le chiffre d'affaire projeté, compte-tenu des possibilités du marché.

Attention ! C'est probablement la partie du business plan la plus difficile à bien présenter. Et comme les stratégies marketing, le personnel, les locaux, les stocks dépendent uniquement du chiffre d'affaires c'est aussi la plus cruciale. , Aussi, vous devez, quand vous rédigez votre BP, commencer par cette partie, et y apporter le plus grand soin !

-Clients

Définissez clairement votre marché: qui sont les acheteurs principaux, où ils sont, et pourquoi ils achètent. Quelles sont les répercussions du prix, de la qualité, du service, du relationnel, des pressions politiques le cas échéant ?

Quelles sont les habitudes des acheteurs, l'influence de la saisonnalité, quand s'effectue plutôt l'achat de votre produit ou service, et de quelle manière cela influe sur l'offre.
Faites la liste des clients actuels ou des prospects qui ont acheté ou exprimé leur intention d'acheter votre produit/service, et pourquoi.
Faites aussi la liste de clients ou prospects qui vous ont laissé tomber ou que votre produit/service n'intéresse pas. Et indiquez pourquoi.

Dites aussi ce que vous avez prévu de faire pour contrer une réaction négative d'un client. Si vous n'évoquez pas franchement les risques ou inconvénients de votre offre l'investisseur peut en déduire que votre plan n'est pas assez réfléchi.

-Taille du marché et tendance

Vous devrez les évaluer et les décrire. Pour cela, discutez de votre marché avec des distributeurs potentiels, des commerciaux, des clients, et pour appuyer le tout, procurez-vous des informations publiques ou officielles à leur sujet, et approfondissez les pour les adapter à votre cas;

elles sont rarement exploitables dans l'état. Si vous ciblez des marchés régionaux, indiquez également leur taille.

Faites une projection de croissance annuelle du marché pour votre produit ou service, pour les 3 ans à venir, au moins. Envisagez tout ce qui peut l'affecter: nouvelle technologie, changement d'habitudes des acheteurs, etc... S'il a connu dans le passé certains bouleversements, expliquez-les. Et expliquez aussi pourquoi vous pensez que la tendance actuelle va durer.

Les entrepreneurs ont généralement tendance à surestimer la taille de leur marché. Et si l'investisseur a un doute sur cette estimation, et sur son potentiel de croissance, il peut perdre tout intérêt pour le reste de votre proposition.

- Concurrence

Faites une analyse réaliste des forces et faiblesses des produits/services concurrençant les vôtres.

Nommez les entreprises qui les produisent ou les distribuent. Faites état des sources documentaires dont vous vous êtes servi pour déterminer les produits concurrents et les forces de cette concurrence.

Comparez vos produits/services avec ceux-ci, sur le plan du prix, de la performance, du service apporté, des garanties et de tout autre aspect pertinent. N'hésitez pas à utiliser la forme d'un tableau pour présenter ce comparatif.

Étudiez aussi les forces et faiblesses de vos concurrents au niveau de leur équipe de management, de leur puissance financière, et de leur évolution ces dernières années en chiffre d'affaires, en parts de marché et en rentabilité. S'ils ne vont pas bien, vous devrez expliquer les stratégies de marketing que vous comptez mettre en place pour ne pas vous trouver dans le même état.

En général, les entrepreneurs en savent moins qu'ils ne devraient à propos de leurs concurrents. Les investisseurs se préoccupent beaucoup de cet aspect du BP et vérifient s'il n'a pas été traité trop superficiellement.

Pour conclure, donnez les raisons pour lesquelles les clients s'approvisionnent chez les principaux concurrents, et indiquez les moyens que vous allez utiliser pour leur prendre des parts de marché.

———————

- ÉVALUATION DE PARTS DE MARCHÉ ET DU CHIFFRE D'AFFAIRES

Identifiez des clients importants qui ont réalisé des achats ou qui sont prêts à prendre des engagements d'achat.
Evaluez la part du marché et les ventes que vous vous sentez capable de réaliser.

Etayez cette évaluation sur les déclarations de vos clients et leur acceptation de votre produit/serv1ce, la taille de votre marché et ses tendances d'évolution, sur la concurrence, son offre et sa part de marché de l'année précédente.

La croissance projetée de votre chiffre d'affaire et de votre part de marché doivent bien sûr être en correspondance avec, d'une part la croissance prévisible du marché et, d'autre part, les forces et faiblesses de vos concurrents.
Si vous êtes déjà en opération, indiquez aussi le marché total, vos parts et vos ventes pour les 2 années précédentes.

- Plan marketing

Il vous permet de décrire comment vous allez vous y prendre pour atteindre votre chiffre d'affaires. Il doit comprendre une description de votre politique commerciale et de votre service après-vente, votre politique de prix, les stratégies de distribution et de publicité que vous vous proposez de suivre.
En clair, votre plan marketing doit indiquer :
-ce qui doit être fait,
-comment cela sera fait.
-et qui le fera.

- Stratégie marketing

Qui ciblerez-vous comme vos premiers prospects, comme les suivants ? Comment vous y prendrez-vous pour identifier des clients potentiels spécifiques, comment les contacterez-vous, et les avantages du produit ou service sur lesquelles vous allez surtout vous appuyer pour générer des ventes.
Si votre produit/service est saisonnier, donnez vos idées pour faire du chiffre en hors saison.

-Politique de prix

Beaucoup d'entrepreneurs, après avoir convaincu l'investisseur de la supériorité de leur produit, disent pour finir qu'ils veulent le vendre moins cher que la concurrence. Cela produit une mauvaise impression, pour 2 raisons :

.d'abord, si le produit est si supérieur que cela, il faudrait que la force de vente soit bien médiocre pour n'arriver à le vendre que grâce à un rabais.

.Ensuite, les charges ont souvent tendance à se révéler dans les faits plus élevées que prévu. Si vous démarrez avec des prix bas, il reste assez peu de marge de manœuvre pour respecter le compte de résultats projeté.

Définir le prix de votre produit est une des plus importantes décisions que vous aurez à prendre. Il doit en effet être bien placé pour pénétrer le marché, maintenir votre positionnement, et *générer du profit.*
Donnez-vous assez de temps pour envisager plusieurs stratégies et présentez avec conviction celle que vous aurez arrêtée.
Comparez là avec celle de vos
principaux concurrents.

Expliquez comment ce prix vous
permettra :
-d'obtenir une bonne réaction du public visé
-de maintenir et d'accroître votre part de marché face à votre concurrence, et -de créer des bénéfices.
Si vous avez opté pour une politique de prix inférieure à celle pratiquée par vos concurrents, expliquez comment vous vous y prendrez pour maintenir votre rentabilité. Au contraire, si votre

prix est supérieur, justifiez le par sa nouveauté, sa qualité, sa garantie et le service que vous apporterez.

-Tactiques de vente

Décrivez comment vous vendrez et distribuerez votre produit ou service. Utilisez-vous ou utiliserez-vous votre propre force de vente, VRP et distributeurs ?
Des vendeurs multicartes déjà en opération?
Comment allez-vous les sélectionner, quelles régions ont-ils couvrir ?
Quelles marges seront laissées aux détaillants, grossistes ?
Quelles commissions aux représentants.
Comparez-les à celles données par vos concurrents.
Décrivez toute politique particulière se rapportant aux discounts et droits de distribution exclusifs.
Si vous avez décidé d'utiliser votre propre force de vente, indiquez comment elle sera organisée, et à quel rythme elle se constituera.

Utilisez un schéma pour montrer les ventes attendues par vendeur et par an et quelles incitations/rémunérations ils percevront. Expliquez ces chiffres comparés à ceux de votre concurrence.

-Politique de service après-vente et de garantie

Si votre produit doit offrir SA V et garantie, indiquez l'importance de ceux-ci sur la décision d'achat de vos clients et expliquez comment vous réglerez les problèmes s'y afférent.

-Publicité, relations publiques et promotion

Décrivez le programme que vous utiliserez pour attirer l'attention de vos prospects sur votre produit/service.

Quels sont vos plans en matière de relations publiques, participation à des salons, publicité presse, mailing et la préparation des fiches produit et de la documentation promotionnelle.

Si la publicité représente une part significative des dépenses de l'entreprise, les détails de comment et quand il faudra faire face à ces coûts doivent être présentés.

––––––––

-PLAN DE RECHERCHE ET DÉVELOPPEMENT

Si l'un de vos produits ou services nécessite de la recherche et du développement avant d'être placé sur le marché, la nature et la quantité du travail à faire doit être indiqué en détail. De même que les coûts et le temps nécessaire avant une possible commercialisation.
Cette étape concerne aussi les améliorations à apporter à un produit ou à une technologie déjà existante, la transformation d'un prototype en

produit industriel, l'identification ou l'organisation d'une main d'œuvre particulière la mise au point d'une technique spéciale, etc...

-Etat du produit/service et travaux restant à faire

Décrivez l'état actuel du produit / service et ce qui reste à faire pour le rendre vendable. De quelle compétence ou expertise disposez-vous au sein de votre entreprise pour terminer les travaux, ou que devez-vous acquérir pour cela ? Aurez-vous besoin d'une assistance technique extérieure ? Qui supervisera cette activité dans votre société ? Quelle est l'expérience de cette personne (ou équipe)?

-Difficultés et risques

Identifiez tout ce qui peut influer sur le développement envisagé. Quel impact est possible sur les délais prévus ?

- Coûts

Présentez et discutez le budget de conception *et/ou* développement. Les coûts doivent intégrer main d'œuvre, matériaux, honoraires de conseil, etc...
Attention !
Les coûts en matière de recherche et développement sont souvent sous-estimés, ce qui peut sérieusement affecter les prévisions de cash-flow.
Aussi, n'hésitez pas à les augmenter de 10 à 20% pour que ce montant devienne partie intégrante du plan financier.

———

-Situation géographique

Où allez-vous vous installer ? Quels sont les avantages et inconvénients de cette localisation par rapport à la disponibilité de la main d'œuvre; aux taxes locales, à la proximité des clients, distributeurs, ou sous-traitants.
Des réseaux routiers, ferroviaires, etc...
Par exemple, pour une entreprise de services, le fait d'être proche de ses clients est généralement un atout important.

-Locaux et améliorations

Si votre affaire tourne déjà, décrivez-en les locaux -et les équipements dont vous disposez.
Si vous démarrez, indiquez comment et quand locaux et équipement seront acquis (ou loués), quelle part du financement demandé leur sera affecté. Comment ce poste devra t'il évoluer pour respecter votre progression de chiffre d'affaires ?
Evoquez également comment vous envisagerez un agrandissement éventuel ou un

déménagement. Quels équipements supplémentaires vous faudra- t-il, et quand, à quel coût prévisible. Faites des prévisions pour les 3 ans à venir.

-Stratégie et Plans

Expliquez les procès de fabrication impliqués dans votre production et toutes décisions visant à sous-traiter plutôt qu'à fabriquer sur place.

Pour cela, prenez en compte les facteurs de main d'œuvre, de financement de stock, techniques ou capacité de production ainsi que les questions non techniques influant cette décision. Faites état des sous-traitants qui ont été approchés et de leurs références.
Présentez un plan de production, qui mentionne la part de la main d'œuvre, du matériel, des composants achetés, et charges fixes de l'usine.
Expliquez le stock qui va être nécessaire à chaque étape de la production.

Comment allez-vous contrôler la qualité, le stock et la production ? Expliquez les méthodes utilisées et pourquoi vous les avez choisies.

Comment la fonction achat serait 'elle assurée, de façon à ce qu'on ne risque pas un arrêt de production du fait d'une rupture de
Stock, à ce que l'on obtienne les meilleurs prix et conditions de paiement, et que les matières premières, le stock de produits en cours, et par voie de conséquence, les besoins en fonds de roulement soient réduits au minimum, autant que possible.

- Main d'œuvre

Evaluez celle qui vous est nécessaire en nombre et en qualité par rapport à votre activité. Si les qualifications de votre personnel ne sont pas adaptées au produit / service que vous envisagez de développer, faites état des formations que vous avez prévues pour le mettre à niveau.
Quel organisme assurera ces formations, et quel prix aurez-vous à payer ?
Tout en conservant votre produit compétitif, à la fois à court terme (première année) et à long terme (2 à 5 ans) !

-Personnel d'encadrement

Ce poste constitue la clé de toute entreprise qui réussit.
Les investisseurs veilleront particulièrement à ce qu'ils soient fortement impliqués dans l'entreprise, avec un bon équilibre entre les compétences commerciales d'une part et financières I administratives d'autre part, ainsi que l'expérience qu'ils ont acquise dans le domaine en question.
Cet aspect du business plan pèse lourdement dans la prise de décision de l'investisseur.
Donnez le CV des personnes-clé et la répartition du travail entre eux.

Indiquez les complémentarités.

Expliquez pourquoi et comment elles s'acquitteront correcte ment des tâches qui leur seront confiées.

Si tout le monde n'est pas en place, dites aussi quand il est prévu de les intégrer, ou ce qu'il faut que vous fassiez pour les localiser, les qualifier et les recruter.
Indiquez les solutions que vous avez trouvées pour les fonctions qui ne peuvent pas être, au

départ, assumées à temps plein par un cadre de bon niveau, pour ne pas surcharger l'entreprise: cadre à temps partagé, consultant extérieur, etc... Et quand vous prévoyez d'embaucher une personne à temps plein, le cas échéant.

Mentionnez les rémunérations prévues pour chacun, ainsi que le plan de carrière. Ont-ils besoin de formation, de perfectionnement ? Quel organisme s'en chargera et à quel coût ? Quand ces formations seront elles nécessaires ?

-Services professionnels extérieurs

Mentionnez les intervenants extérieurs sélectionnés: comptable, agence de publicité, banque, relations publiques, conseil juridique... Le fait d'avoir choisi des professionnels réputés et capables peut considérablement renforcer la crédibilité de votre affaire. Ces professionnels peuvent aussi vous ouvrir des portes et vous introduire dans les milieux intéressants pour votre entreprise.

———————

-PLANNING GÉNÉRAL

Votre plan de lancement: tout ce que vous devez faire pour lancer votre affaire. Un planning bien préparé, visuel peut être un excellent outil de vente, vous permettant de lever le financement dont vous avez besoin :
-enregistrement de votre société -finalisation de prototypes -recrutement de force de vente

-date de participation à des salons ou évènements -commande de matériaux en quantité suffisante pour lancer la production -démarrage des opérations -enregistrement des premières commandes
-premières ventes et livraisons. -enregistrement des premiers paiements.

Envisagez aussi le cas de non-respect de ce planning. Quelles répercussions y aurait-il ? Gardez en mémoire qu'on a souvent tendance à sous-estimer le temps nécessaire pour faire les choses prévues (et cela encore plus que les besoins de financement). Efforcez-vous d'être réaliste quand vous fixez des dates.

———

-RISQUES ET PROBLÉMES

Aucune affaire ne peut se développer sans connaître de problème, et sans impliquer de risque pour les personnes qui s'y sont engagées. Évoquez-les donc d'emblée.

Si c'est l'investisseur qui a à soulever ou à découvrir des points négatifs dans votre projet, sa confiance en vous et en votre entreprise serait fortement ébranlée et votre financement en danger.
D'autre part, identifier et parler clairement des risques démontre vos capacités de
Manager, et rend crédible votre aptitude à y faire face et à les résoudre. Dans l'esprit d'un investisseur, le fait même que vous les évoquiez

directement -avec les parades que vous avez prévues- les rend moins importants.

Parmi les risques que vous courez :
-baisse importante des prix de la concurrence
-retournement de tendance du marché en votre défaveur
-coûts d'opération et charges largement supérieurs aux prévisions -planning de développement non respecté
-prévisions de ventes non réalisées -difficultés d'approvisionnement -problèmes pour obtenir les lignes de crédit bancaires
-coûts de développement et d'amélioration trop élevés pour rester compétitif -manque de disponibilité de personnel qualifié.
Attention à ne pas tomber dans l'excès contraire en vous étendant trop sur les points négatifs. Signalez ceux qui risquent vraiment d'affecter votre entreprise, et vos plans pour y remédier.

———

-LE PLAN FINANCIER

Il constitue la base de l'évaluation de l'investisseur. Son objectif est d'indiquer le potentiel financier de votre projet et ses besoins de capitaux. Il servira aussi d'outil de gestion financière de votre activité. En annexe à votre plan financier, vous devez joindre les pièces suivantes :

-comptes prévisionnels de résultats pendant 3 ans
-projections de cash-flow sur 3 ans
-bilan de démarrage, semestriel pour la 1 ère année et à la fin de chaque année pour les deux autres.

Dans le cas d'une affaire déjà en opération, bilans et comptes de résultats des 2 années précédentes doivent être présentés, ainsi qu'un état pour l'année en cours.
Après avoir terminé vos annexes, soulignez rapidement par écrit les points importants.

Ce sont :
-le montant du capital nécessaire,
-le niveau de profits en
pourcentage du chiffre d'affaires
-le retour sur investissement.

-Compte prévisionnel de résultats

Etablissez vos prévisions sur 3 ans. Efforcez-vous
de les faire trimestrielles au moins pour la 1 ère
année. Faites tenir tous vos chiffres sur une seule
page.
Si nécessaire, collez en deux ensembles.

Déterminez le niveau de production ou d'activité
nécessaire pour atteindre l'objectif des ventes.
Toutes les charges fixes doivent être développées
et transformées en données de coût. Les
dépenses afférentes aux ventes doivent
comprendre les coûts de distribution, stockage,
discounts, publicité, etc...

Compte-tenu de l'importance de ce document,
vous devez expliquer toutes les hypothèses que
vous avez retenues pour son établissement.

-Tableau prévisionnel de trésorerie

Pour une nouvelle entreprise, c'est un élément encore plus important que le compte de résultats prévisionnel, puisqu'il détaille le moment des encaissements et décaissements ainsi que leurs montants.

En règle générale, le niveau de profits, pendant les 1 ères années, n'est pas suffisant pour financer le besoin de trésorerie. Pire, les rentrées d'argent sont rarement synchronisées avec les sorties sur du court terme.

Le tableau de trésorerie indiquera tous ces décalages, les montants nécessaires et les périodes et durées pendant lesquelles un apport d'argent s'imposera. Vous devez indiquer comment vous comptez y faire face, et comment vous rembourserez l'apporteur.

L'état du cashflow est particulièrement crucial pour certaines industries, et dans tous les cas, un tableau de trésorerie détaillé, vous permettra de centrer votre attention sur votre activité au lieu de vous disperser à chaque creux périodique de trésorerie que vous auriez normalement dû prévoir.

-Bilans prévisionnels

Ils sont destinés à montrer les actifs acquis et comment ceux-ci ont été financés. Investisseurs et banquiers étudient ces documents pour vérifier les ratios, le fonds de roulement, le niveau d'endettement et le rythme de rotation des stocks. Ils permettront à l'investisseur de fixer les limites acceptables aux demandes de financement à venir.

-Contrôle des coûts et gestion de la trésorerie

Vous devez contrôler vos coûts de fonctionnement pour atteindre vos objectifs, et réaliser des profits. Aussi, J'investisseur voudra savoir quel système vous allez mettre en place pour exercer ce contrôle, et les mesures que vous prendrez au cas où ces coûts se révèleraient plus élevés que prévu.

-Besoins de financement de l'entreprise

Indiquez sobrement le montant de capital que vous recherchez et l'utilisation qui sera faite des fonds obtenus.

- Financement demandé

Etablissez la répartition que vous envisagez : quel montant vous emprunterez de la banque, le nombre de parts de votre société que vous êtes prêt à céder contre participation financière de l'investisseur et la rentabilité que vous envisagez de lui servir, et au bout de combien de temps.

-Utilisation des fonds
Les investisseurs aiment à savoir comment l'argent qu'ils apportent va être utilisé. Expliquez-le en détail: quelle part sera affectée au développement du produit, à J'équipement, au marketing et aux besoins

———————

Concluez votre dossier en rappelant les points forts principaux, pourquoi vous allez réussir et générer des profits.
Rappelez votre engagement, motivation et compétence.
Esquissez rapidement le développement futur, à moyen terme 2-3 ans.

———————

Réalisé par Fodé MARENA

Tél : +221 781849301

Email : dembiskaozzz78@gmail.com

Table des Matières

Sitographie:

- www.creerentrprise.fr

- http://www.assurance-credit-entreprise.fr

Oui, je veux morebooks!

I want morebooks!

Buy your books fast and straightforward online - at one of the world's fastest growing online book stores! Environmentally sound due to Print-on-Demand technologies.

Buy your books online at

www.get-morebooks.com

Achetez vos livres en ligne, vite et bien, sur l'une des librairies en ligne les plus performantes au monde!
En protégeant nos ressources et notre environnement grâce à l'impression à la demande.

La librairie en ligne pour acheter plus vite

www.morebooks.fr

SIA OmniScriptum Publishing
Brivibas gatve 1 97
LV-103 9 Riga, Latvia
Telefax: +371 68620455

info@omniscriptum.com
www.omniscriptum.com

OMNIScriptum

FSC

MIX
Papier aus verantwortungsvollen Quellen
Paper from responsible sources
FSC® C105338

www.fsc.org

Printed by Books on Demand GmbH, Norderstedt / Germany